Bildermaus

Henriette Wich

Geschichten von der Feuerwehr

Illustriert von Joachim Krause

Loewe

Inhalt

Rettung für Olli

Lena und Papa gehen mit Olli,

ihrem , am  spazieren.

Er schnappt begeistert nach den

dicken 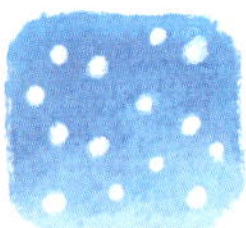. Beim  ist es

kalt und windig. Lena sieht an

der  zwei  und fragt:

„Wozu sind die da?"

Papa erklärt: „Falls mal jemand in den  fällt und nicht schwimmen kann, wirft man ihm einen  zu.“

Olli will weiter zur .

Sie laufen am  entlang. Als sie endlich da sind, darf Olli von der . Lena wirft einen  für Olli. Da watscheln zwei  über die .

Sofort rennt Olli den  nach.

Jetzt fliegen sie hoch und landen

im . Olli bellt empört.

Plötzlich springt er ins . Lena

ruft: „Olli, nicht!“

Ihr  kann gut schwimmen

und das  ist noch weit weg.

Doch der  fließt sehr schnell.

Er wird Olli mitreißen! Die 

fliegen davon.

Olli will ans  zurück,

schafft es aber nicht. Lena und

Papa rennen am  entlang

neben Olli her. Da entdeckt Papa

eine  von der .

Lena drückt auf den roten .

Sofort meldet sich ein . Er

weiß genau, wo am  Lena und

Papa gerade sind. Lena erzählt ihm,

was passiert ist.

Der  sagt: „Ich schicke sofort einen  los.“ Lena und Papa rennen weiter zum . Dort wirft Lena einen 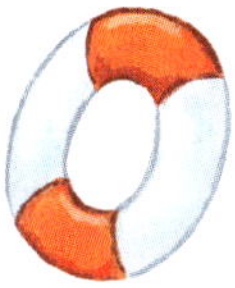 ins .

Ihr  versucht vergeblich,

sich den  zu schnappen, und

winselt verzweifelt. Lena verspricht

Olli: „Gleich rettet dich die !“

Da heult auch schon eine .

Zwei  und eine  springen

sofort aus dem . Der erste

trägt einen dicken . Er lässt sich

in den  ab und sichert Olli

mit dem .

Der andere und die  lassen

ein 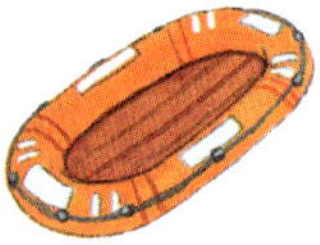 hinunter. Der erste 

klettert mit Olli in das 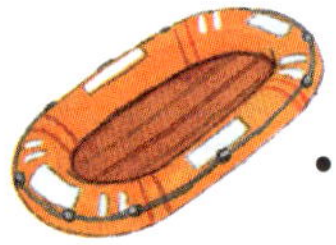.

Die anderen zwei ziehen es zurück

ans . Als die  das 

von Ollis  löst, knurrt er.

„Ganz ruhig, Olli!“, sagt Papa.

Lena bekommt von einem 

eine warme 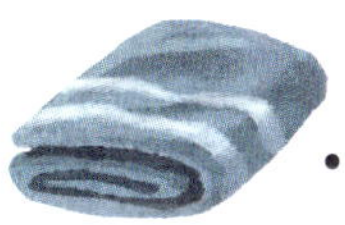. Sie wickelt den

zitternden Olli in die  und

flüstert: „Jetzt ist alles gut.“

Einsatz im Wald

Puh, ist die  heiß heute! Schon lange gab es keinen  mehr. Anton, Lumi und Jan sind mit Oma Maria im kühlen . Maria fragt: „Wer findet ein ? Oder eine  und eine ? Ihr erkennt sie an der glatten grauen .“

Sofort laufen die  los und

schauen sich im  um. Oma

Maria kommt mit. Anton findet

schon bald eine  an einer .

Lumi freut sich: „Jetzt fehlt uns nur noch das !“ Plötzlich reibt Jan sich die  und sagt: „Hier riecht es verbrannt!“ Anton zeigt auf eine dünne  zwischen zwei alten .

Etwas weiter vorne finden sie eine

verlassene . Dort liegen

überall 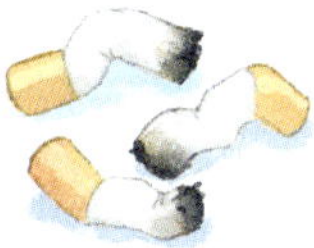 herum. Daneben ist

ein morscher . Er qualmt

und jetzt schießen  hoch!

Jan sagt aufgeregt: „Wir müssen

die  rufen!“ Oma Maria wählt

sofort den 112. „Die  ist

bald da“, erzählt sie. „Schnell, ,

weg vom !“

Beim  sind sie vor dem 

sicher. „Tatütata!“ Ein  fährt

über den . Anton, Lumi und

Jan zeigen den , wo genau

der brennende  ist.

Die  rollen einen  aus

und spritzen viel  rund um

den  und in die . So

können sich die  nicht weiter

ausbreiten. Dann löschen sie den

brennenden .

Auch um die  herum spritzen

sie . Anton und Jan klatschen

in die 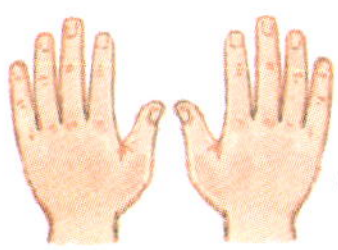. Lumi sagt: „Im 

darf man kein  machen."

Ein  nickt. „Richtig. Und  darf man auch nicht einfach so wegwerfen und im  liegen lassen. Wenn die  noch glimmen, kann sich leicht ein  entzünden."

Der andere  sagt strahlend:

„Ihr habt verhindert, dass der 

abbrennt. Danke, !“ Maria sagt

stolz: „Das feiern wir mit einem

großen !“

Notruf in der Nacht

Ömer spielt abends in der .

„Los,  marsch!“, ruft er und

drückt auf den roten . Sofort

schießt eine  aus dem 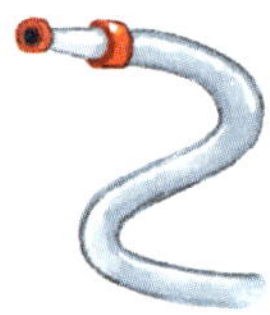.

Gegen Ömers neues  ist

das  machtlos. Mama hält

ihm ein  hin.

Sie sagt: „Es ist schon dunkel

draußen,  Ömer, ab ins  !“

Ömer kann nicht einschlafen,

weil er immer noch an sein tolles

neues  denkt.

Es wird ruhig im . Mama und

Papa sind auch schon im .

Plötzlich hört Ömer etwas auf

dem  klappern.

Dann trippelt jemand schnell wie

eine  hin und her. Ömer holt

seine . Mutig geht er die 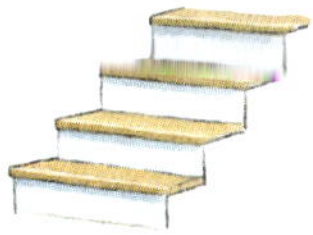

hoch und öffnet die 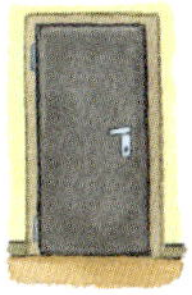 zum .

Zwei große  gucken ihn

erschrocken an. Es ist ein !

Ömer holt schnell Mama und

Papa. „Der arme  hat sich

in unser  verirrt“, sagt Papa.

„Wir müssen dem  helfen,

wieder nach draußen zu kommen."

Ömer weiß auch schon genau, wie:

vom  über die  zum 

und von dort durch das .

„Super, Ömer!“, lobt Mama. Sie
öffnet die  zum  und
zum . Ömer und Papa machen
schnell das  im  auf.

Danach holen sie eine  und

lehnen sie außen an die  unter

dem . Gespannt warten sie

im  hinter dem . Kurz

darauf trippelt der  die 

hinunter und flitzt ins .

Es scheppert laut, dann kreischt der . Ömer lugt in das  hinein. Das  ist in die  gefallen und der  kauert ängstlich in einer .

Mama flüstert leise: „Wir sollten lieber die  rufen.“ Ömer darf den 112 absetzen. Schon bald ist die  da. Ein  und eine junge  laufen die  hoch.

Sie tragen  und  und

haben eine  und eine 

dabei. Die  schleicht sich

langsam ins .

Schnell wirft sie die  über

den , hebt ihn vorsichtig

hoch und setzt ihn in die .

Der  macht die  zu.

Die  verspricht: „Bald bist du frei, wir bringen dich wieder in den  zurück.“ Ömer sagt: „Tschüss, , schlaf gut!“

Die Wörter zu den Bildern:

Hund

Fluss

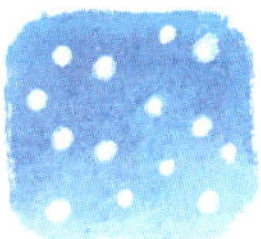
Schneeflocken

Wehr

Mauer

Rettungsringe

Wiese

Leine

Ball

Enten

Wasser

Ufer

Notrufsäule

Feuerwehr

Knopf

Feuerwehr-
mann

Einsatzleit-
wagen

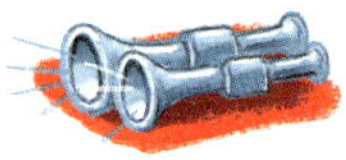
Sirene

Feuerwehrfrau

Eisanzug

Seil

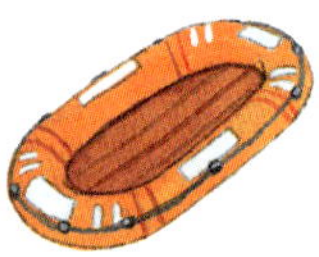
Schlauchboot

Halsband

Decke

Sonne

Regen

Wald

Vogelnest

Raupe

Buche

Rinde

Kinder

Nase

Rauchsäule

Feuerstelle

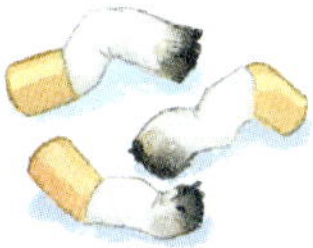
Zigaretten

Baumstumpf

Flammen

Notruf

Feuer

Teich

Tanklösch-
fahrzeug

Waldweg

Schlauch

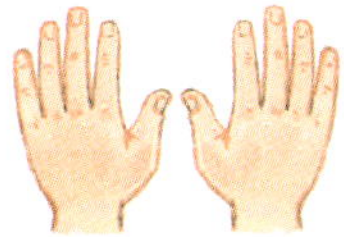
Hände

Eisbecher

Badewanne

Wasserfontäne

Handtuch

Bett

Haus

Dachboden

Katze

Taschenlampe

Treppe

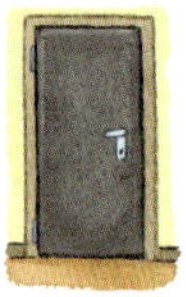

Tür

Augen

Waschbär

Badezimmer

Fenster

Leiter

Flur

Schrank

Ecke

Handschuhe

Helme

Transportkiste

Henriette Wich, 1970 in Landshut geboren, hat zahlreiche Kinder- und Jugendbücher geschrieben, darunter viele Krimis der erfolgreichen Reihe „Die drei !!!“. Henriette Wich lebt mit ihrer Familie in Regensburg.

Joachim Krause wurde 1968 in Kempen am Niederrhein geboren und lebt heute mit seiner Frau und seinen drei Kindern in Jever. Er studierte an der Fachhochschule in Münster Grafikdesign und illustriert seit 1997 freiberuflich Spiele und Kinderbücher für verschiedene Verlage.